Überall ist Weihnachtsland

Eine nostalgische Reise durch Deutschland, Österreich und die Schweiz

Die Autoren

Bettina von Arnim (1785-1859) gilt als eine der wichtigsten Vertreterinnen der deutschen Romantik. Sie wurde in Frankfurt geboren.

Wilhelm Busch (1832-1908) ist einer der beliebtesten humoristischen Schriftsteller Deutschlands. Sein Wohnhaus sowie seine Grabstätte kann man in Seesen im Harz besichtigen.

Martin Boelitz (1874-1918) stammt aus Wesel am Niederrhein, er war Schriftsteller.

Clemens Brentano (1778-1842) war Dichter und der wichtigste Vertreter der Heidelberger Romantik.

Ada Christen (1839-1901) aus Wien war eine österreichische Schriftstellerin. Sie ist in Inzersdorf begraben.

Matthias Claudius (1740-1815) war ein deutscher Dichter und Journalist, er wirkte und starb in Hamburg.

Peter Cornelius (1824-1874) wurde in Mainz geboren, wo er auch starb. Er war Dichter und Komponist.

Richard Dehmel (1863-1920) wurde in Brandenburg geboren und war ein bedeutender Lyriker und Schriftsteller.

Paula Dehmel (1862-1918) war eine Berliner Autorin, die hauptsächlich Märchen und Gedichte für Kinder verfasste.

Annette von Droste-Hülshoff (1797-1848) stammt aus dem Münsterland und ist eine der bedeutendsten deutschen Dichterinnen.

Gustav Falke (1853-1916) war Schriftsteller und Lyriker, zwei Hamburger Straßen sind nach ihm benannt.

Hoffmann von Fallersleben (1798-1874) wurde im Kurfürstentum Braunschweig-Lüneburg geboren. Der Schriftsteller verfasste den Text der deutschen Nationalhymne.

Theodor Fontane (1819-1898) aus Brandenburg gilt als bedeutender Schriftsteller. Er verfasste unter anderem die bekannten „Wanderungen durch die Mark Brandenburg".

Hermann Ferdinand Freiligrath (1810-1876) war Dichter und Übersetzer und lebte jahrelang in St. Goar am Fuße der Loreley.

Karl von Gerok (1815-1890) war Theologe und Lyriker in Stuttgart.

Johann Wolfgang von Goethes (1749-1832) umfassendes Gesamtwerk gilt als ein Höhepunkt der Weltliteratur. Er wirkte lange in Weimar.

Jacob (1785-1863) und Wilhelm Grimm (1786-1859) aus Hessen gelten als Gründungsväter der deutschen Literaturwissenschaft. Mit ihrer umfassenden Volksmärchen-Sammlung wurden sie weltberühmt.

Heinrich Heine (1797-1856) wurde in Düsseldorf geboren. Er ist einer der wichtigsten deutschen Dichter überhaupt.

Hermann Löns (1866-1914), genannt der Heidedichter, wurde durch seine Schilderung der Natur und Jagd in der Heide berühmt.

Martin Luther (1483-1546) ist der wichtigste Vertreter der Reformation und übersetzte außerdem erstmalig die Bibel ins Deutsche. Er lebte in Sachsen.

Christian Morgenstern (1871-1914) ist als Schriftsteller vor allem durch seine komische Lyrik bekannt geworden.

Eduard Mörike (1804-1875) gilt als wichtigster Vertreter der Lyrik Schwäbischer Schule.

Robert Eduard Prutz (1816-1872) aus Stettin war Schriftsteller, Dramaturg und Professor in der Zeit des Vormärz.

Robert Reinick (1805-1852) lebte und arbeitete als Maler und Schriftsteller in Dresden, wo er auch begraben ist.

Joachim Ringelnatz (1883-1934) war Schriftsteller, Maler und Kabarettist aus Sachsen.

Anna Ritter (1865-1921) war eine deutsche Dichterin, sie starb in Marburg.

Peter Rosegger (1843-1918) war einer der bekanntesten österreichischen Schriftsteller.

Adele Schopenhauer (1797-1849), Dichterin und Freundin Droste-Hülshoffs, lebte lange in Bonn.

Max von Schenkendorf (1783-1817), deutscher Schriftsteller, ist in Koblenz begraben.

Christian Friedrich Daniel Schubart (1739-1791) war Komponist und Dichter aus Württemberg.

Theodor Storm (1817-1888) ist wohl der bekannteste Schleswig-Holsteiner Schriftsteller, „Der Schimmelreiter" ist sein berühmtestes Werk.

Kurt Tucholsky (1890-1935) war zu seiner Zeit einer der bedeutendsten Publizisten. Er wurde in Berlin geboren.

Annemarie Wagner (geb. 1939) aus Friedrichsdorf im Taunus schreibt seit ihrer Kindheit Geschichten und Gedichte, die einfach zu Herzen gehen.

Inhalt

Am Wannsee

Opern-Palais

Gendarmen Markt Schauspielhaus

Grüsse aus

Zur Weihnachtszeit ist die berühmte Berliner Luft erfüllt von Plätzchenduft und Festmusik. Denn über 50 Weihnachtsmärkte laden in der ganzen Stadt zum Bummeln und Genießen ein. Ob alternativ oder klassisch, klein oder groß, quirlig oder besinnlich – für jeden Großstädter gibt es hier Berliner Weihnachtsfreude!

Weihnachtsschnee

Ihr Kinder, sperrt die Näschen auf,
es riecht nach Weihnachtstorten;
Knecht Ruprecht steht am Himmelsherd
und bäckt die feinsten Sorten.

Ihr Kinder, sperrt die Augen auf,
sonst nehmt den Operngucker:
Die große Himmelsbüchse, seht,
tut Ruprecht ganz voll Zucker.

Er streut – die Kuchen sind schon voll –
er streut – na, das wird munter:
Er schüttelt die Büchse und streut und streut;
den ganzen Zucker runter.

Ihr Kinder, sperrt die Mäulchen auf;
Schnell! Zucker schneit es heute;
fangt auf, holt Schüsseln – ihr glaubt es nicht?
Ihr seid ungläubige Leute!

Paula Dehmel

Groß-Stadt-Weihnachten

Nun senkt sich wieder auf die heim'schen Fluren
die Weihenacht! die Weihenacht!
Was die Mamas bepackt nach Hause fuhren,
wir kriegens jetzo freundlich dargebracht.

Das Christkind kommt! Wir jungen Leute lauschen
auf einen stillen heiligen Grammophon.
Das Christkind kommt und ist bereit zu tauschen
den Schlips, die Puppe und das Lexikohn.

Und sitzt der wackre Bürger bei den Seinen,
voll Karpfen, still im Stuhl, um halber zehn,
dann ist er mit sich selbst zufrieden und im Reinen:
„Ach ja, son Christfest is doch ooch janz scheen!"

Und froh gelaunt spricht er vom ‚Weihnachtswetter',
mag es nun regnen oder mag es schnein.
Jovial und schmauchend liest er seine Morgenblätter,
die trächtig sind von süßen Plauderein.

So trifft denn nur auf eitel Gück hienieden
in dieser Residenz Christkindleins Flug?
Mein Gott, sie mimen eben Weihnachtsfrieden …
„Wir spielen alle. Wer es weiß, ist klug."

Kurt Tucholsky

Berliner Weihnacht

Weihnacht will es wieder werden
hier herunten auf der Erden.
Und man sieht die Leute loofen,
weil se wild Jeschenke koofen.
Lachs und Kaviar und Sekt,
Jänse ooch, weil det jut schmeckt.
Appelsinen, Feinjemüse,
Nüsse, Feijen, alle diese
Dinge, sagen so die Leute,
braucht zum Weihnachtsfest man heute.
Ach, nu hätt ick bald vajessen,
ooch Schokolade will man fressen
und Fondant und Lebekuchen
soll man nich vajebens suchen.
Und es klingeln mit Frohlocken,
Ladenkass und Kirchejlocken,
und jeschwächt vom Einkaufsjagen
hört man dann die Leute sajen:
Nächstes Jahr zur Weihnachtsfeier
machen wir es schlicht, nich teuer.
Um dann wieder, siehe oben,
vor dem Feste loszutoben!

Anonym

9

Weihnachtslied

Vom Himmel in die tiefsten Klüfte
ein milder Stern herniederlacht;
vom Tannenwalde steigen Düfte
und hauchen durch die Winterlüfte,
und kerzenhelle wird die Nacht.

Mir ist das Herz so froh erschrocken,
das ist die liebe Weihnachtszeit!
Ich höre ferne Kirchenglocken
mich lieblich heimatlich verlocken
in märchenstille Herrlichkeit.

Ein frommer Zauber hält mich wieder,
anbetend, staunend muss ich stehn;
es sinkt auf meine Augenlider
ein goldner Kindertraum hernieder,
ich fühl's, ein Wunder ist geschehn.

Theodor Storm

KIELER HAFEN

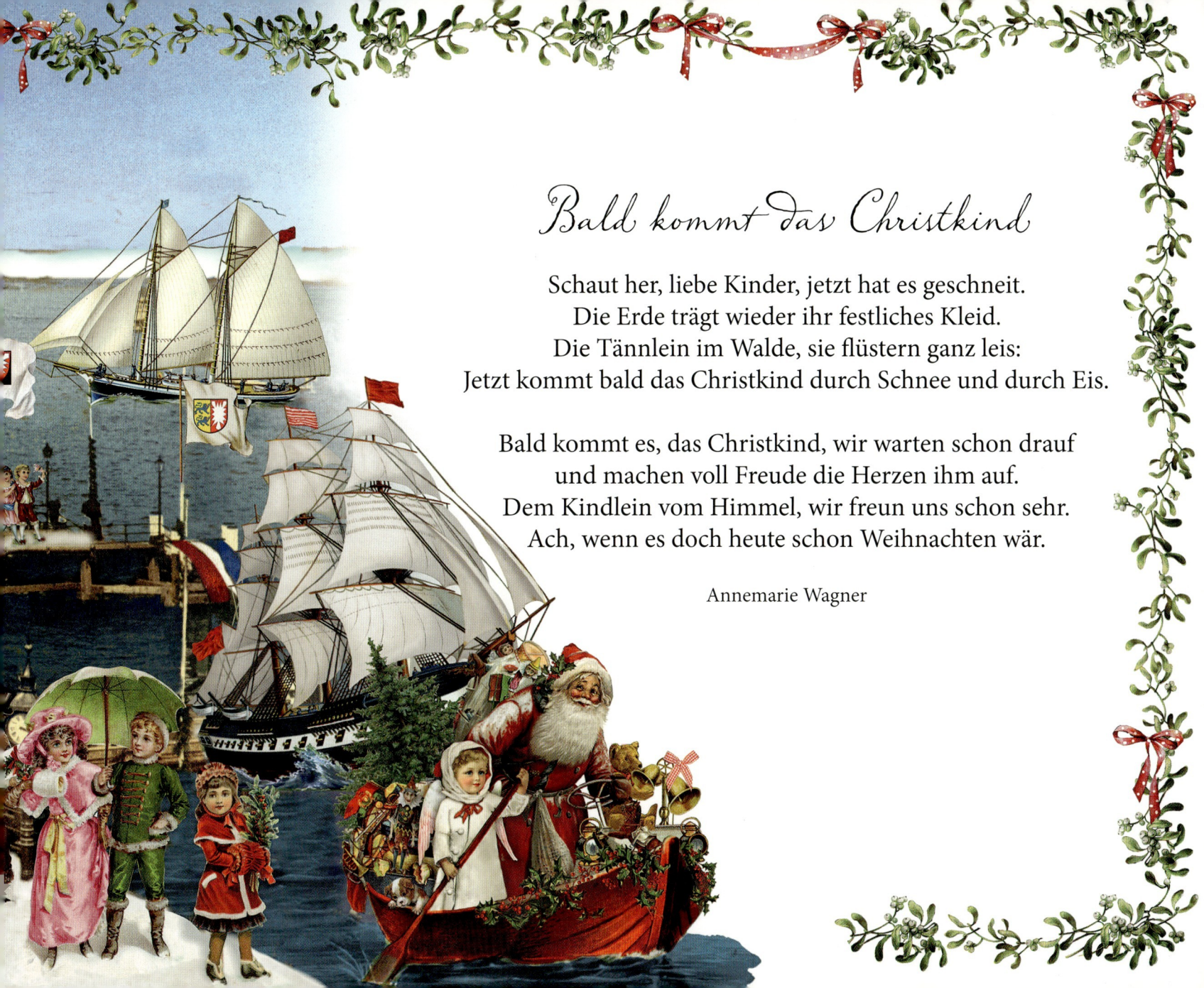

Bald kommt das Christkind

Schaut her, liebe Kinder, jetzt hat es geschneit.
Die Erde trägt wieder ihr festliches Kleid.
Die Tännlein im Walde, sie flüstern ganz leis:
Jetzt kommt bald das Christkind durch Schnee und durch Eis.

Bald kommt es, das Christkind, wir warten schon drauf
und machen voll Freude die Herzen ihm auf.
Dem Kindlein vom Himmel, wir freun uns schon sehr.
Ach, wenn es doch heute schon Weihnachten wär.

Annemarie Wagner

Weihnachten

Zwar ist das Jahr an Festen reich,
doch ist kein Fest dem Feste gleich,
worauf wir Kinder jahraus, jahrein
stets harren in süßer Lust und Pein.

O schöne, herrliche Weihnachtszeit,
was bringst du Lust und Fröhlichkeit!
Wenn der heilige Christ in jedem Haus
teilt seine lieben Gaben aus.

Und ist das Häuschen noch so klein,
so kommt der heilige Christ hinein,
und alle sind ihm lieb wie die Seinen,
die Armen und Reichen, die Großen und Kleinen.

Der heilige Christ an alle denkt,
ein jedes wird von ihm beschenkt.
Drum lasst uns freu'n und dankbar sein!
Er denkt auch unser, mein und dein.

Hoffmann von Fallersleben

Ostseebad Heringsdorf

Lied im Advent

Immer ein Lichtlein mehr
im Kranz, den wir gewunden,
dass er leuchte uns so sehr
durch die dunklen Stunden.

Zwei und drei und dann vier!
Rund um den Kranz welch ein Schimmer,
und so leuchten auch wir,
und so leuchtet das Zimmer.

Und so leuchtet die Welt
langsam der Weihnacht entgegen.
Und der in Händen sie hält,
weiß um den Segen!

Matthias Claudius

Weihnacht

Sterne leuchten über Städte,
über Dörfer rings im Land.
Heilig still und weiß
liegt die Welt im Kreis
unter Gottes Hand.

Kinder singen vor den Türen:
„Stille Nacht, heilige Nacht!"
Durch die Scheiben bricht
hell ein Strom von Licht,
aller Glanz erwacht.

Und von Turm zu Turm ein Grüßen,
und von Herz zu Herz ein Sinn,
und die Liebe hält
aller Welt
ihre beiden Hände hin.

Gustav Falke

HAMBURG
RATHAUS

Der Eislauf

Was kümmert uns die Kälte?
Was kümmert uns der Schnee?
Wir wollen Schlittschuh laufen
wohl auf dem blanken See.

Das war ein lustig Leben
im hellen Sonnenglanz!
Wir drehten uns und schwebten,
Als wär's ein Reigentanz.

Hoffmann von Fallersleben

Der allererste Weihnachtsbaum

Der Weihnachtsmann hatte nicht mehr die rechte Freude an seiner Tätigkeit. Es war kein Schwung in der Sache. Nur Spielzeug und Esswaren, das war auf die Dauer nichts. Die Kinder freuten sich wohl darüber, aber quieken sollten sie und jubeln und singen, so wollte er es, das taten sie aber nur selten. So stapfte er durch den verschneiten Wald. Schon von weitem sah er, dass das Christkindchen da war, denn ein heller Schein war dort. „Hast wohl schlechte Laune?" Das Christkindchen hakte den Weihnachtsmann unter und ging mit ihm. „Ja", sagte der Weihnachtsmann, „die ganze Sache macht mir so recht keinen Spaß mehr. Man müsste etwas Neues erfinden, etwas, das nicht zum Essen und nicht zum Spielen ist, aber wobei Alt und Jung singt und lacht und fröhlich wird." Das Christkindchen nickte: „Da hast du recht, mir ist das auch schon aufgefallen." Nachdenklich gingen beide durch den weißen Winterwald. So kamen sie auf eine Lichtung, auf der große und kleine Tannen standen. Das sah wunderschön aus. Der Mond schien hell und klar, alle Sterne leuchteten, der Schnee sah aus wie Silber, und die Tannen standen darin, dass es eine Pracht war. Eine fünf Fuß hohe Tanne, die allein im Vordergrund stand, sah besonders reizend aus. Sie war regelmäßig gewachsen, hatte auf jedem Zweig einen Schneestreifen, an den Zweigspitzen kleine Eiszapfen, und glitzerte und flimmerte nur so im Mondschein.

„Gib ein paar Äpfel her", sagte das Christkindchen, „ich habe einen Gedanken."

Der Weihnachtsmann stellte seine Kiepe in den Schnee, kramte darin herum und langte ein paar recht schöne Äpfel heraus. „Nun schneid mal etwas Bindfaden und mach mir kleine Pflöckchen." Das Christkind nahm einen Apfel, steckte ein Pflöckchen hinein, band den Faden daran und hängte den an einen Ast. „So", sagte es dann, „nun müssen auch an die anderen welche, und dabei kannst du helfen, aber vorsichtig, dass kein Schnee abfällt!" Das machte dem Weihnachtsmann Spaß, und als die kleine Tanne voll von rotbäckigen Äpfeln hing, da trat er zurück, lachte und sagte: „Wie niedlich das aussieht!" „Pass auf, das wird noch schöner. Nun gib mal Nüsse her!" Das Christkindchen steckte in jede ein Hölzchen, machte einen Faden daran, rieb immer eine Nuss an der goldenen Oberseite seiner Flügel, dann war die Nuss golden, und die nächste an der silbernen Unterseite seiner Flügel, dann hatte es eine silberne Nuss und hängte sie zwischen die Äpfel. „Hast du auch Lichter und Feuerzeug?" Bald stand nun das Bäumchen im Schnee; aus seinem halbverschneiten, dunklen Gezweig sahen die roten Backen der Äpfel, die Gold- und Silbernüsse blitzten und funkelten, und gelbe Wachskerzen brannten feierlich. Das Christkindchen sagte dem Weihnachtsmann, er solle das Bäumchen vorsichtig absägen. Das tat der, und dann gingen beide hinab und nahmen das Bäumchen mit. Beim kleinsten Hause im Dorf machten die beiden halt. In der Stube stand ein Schemel mit einer durchlochten Platte. Den stellten sie auf den Tisch und steckten den Baum hinein.

Der Weihnachtsmann legte dann noch allerlei schöne Dinge, Spielzeug, Kuchen, Äpfel und Nüsse unter den Baum, und dann verließen beide das Haus leise. Am andern Morgen war das eine Freude wie an keinem Weihnachtstag! Alle fassten sich an den Händen, tanzten um den Baum und sangen Weihnachtslieder.

Die anderen Leute, die das sahen, machten es nach, jeder holte sich einen Tannenbaum und putzte ihn, der eine so, der andere so, aber Lichter, Äpfel und Nüsse hängten sie alle daran. Als es dann Abend wurde, brannten im ganzen Dorf Weihnachtsbäume, überall hörte man Weihnachtslieder und das Jubeln und Lachen der Kinder.

Hermann Löns

WATTENMEER

Wir sehen uns
im Sommer!

Grüße aus Ostfriesland

Zu Neujahr

Will das Glück nach seinem Sinn
dir was Gutes schenken,
sage Dank und nimm es hin
ohne viel Bedenken.
Jede Gabe sei begrüßt,
doch vor allen Dingen:
Das, worum du dich bemühst,
möge dir gelingen.

Wilhelm Busch

Altdeutsches Gildehaus.

Goslar.

Rathaus u. St. Johanniskirche

GÖTTINGEN

Weender Strasse

Braunschweig

W.E. Neues Rathaus.

Predigt zum ersten Advent im Braunschweiger Dom

Liebe Gemeinde,
eine Kerze ist angezündet –
wir feiern Advent.
Schon wieder haben wir unsere Häuser
geschmückt, schon wieder kommen wir
zwischen Weihnachtsmarktbuden hindurch
zum Dom. Das sehnsüchtige Warten auf
die Weihnachtszeit hat längst dem Staunen,
wie die Zeit vergeht, Platz gemacht …

Weihnachten

Noch einmal ein Weihnachtsfest,
immer kleiner wird der Rest,
aber nehm ich so die Summe,
alles Grade, alles Krumme,
alles Falsche, alles Rechte,
alles Gute, alles Schlechte –
rechnet sich aus all dem Braus
doch ein richtig Leben heraus.
Und dies können ist das Beste
wohl bei diesem Weihnachtsfeste.

Theodor Fontane

KASSE

Eine Weihnachtsstunde

Lass, Liebster, die Lampe noch stehen
und rücke mit mir zum Kamin,
und lass in die Flammen uns sehen
und lauschen dem Zauber darin!

Und lege dein Haupt ans Herz mir
und blicke nicht traurig drein,
dass wir am Heiligen Abend
im Dunkeln sitzen! Allein!

Horch, wie im Ofen wispert
die Glut ihr heimlich Lied!
Schau, wie ein Lichterreigen
über die Diele zieht!

Draus schwillt's wie ein Singen und Weben
von Märchenherrlichkeit,
drin spielt's wie ein Schwingen und Schweben
von Träumen der Kinderzeit.

Du bist mein Stolzer, mein Starker!
du führst es alles aus!
Oh gründe und baue nur weiter
an deinem stolzen Haus!

Und übers Jahr ist's anders –
neig' her dein Ohr geschwind:
da schmücken wir ein Bäumchen
für ein lieb Menschenkind.

Richard Dehmel

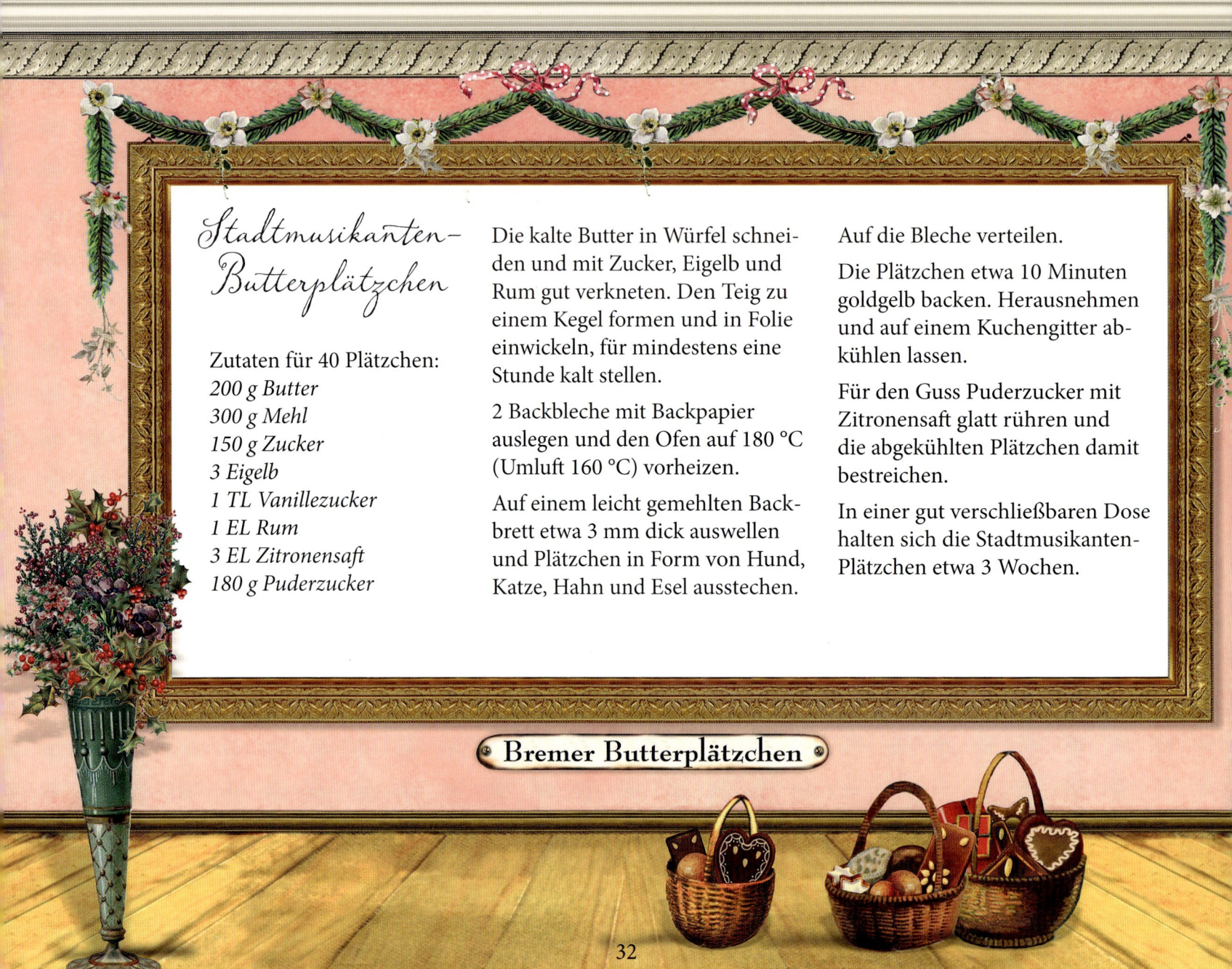

Stadtmusikanten–Butterplätzchen

Zutaten für 40 Plätzchen:
200 g Butter
300 g Mehl
150 g Zucker
3 Eigelb
1 TL Vanillezucker
1 EL Rum
3 EL Zitronensaft
180 g Puderzucker

Die kalte Butter in Würfel schneiden und mit Zucker, Eigelb und Rum gut verkneten. Den Teig zu einem Kegel formen und in Folie einwickeln, für mindestens eine Stunde kalt stellen.

2 Backbleche mit Backpapier auslegen und den Ofen auf 180 °C (Umluft 160 °C) vorheizen.

Auf einem leicht gemehlten Backbrett etwa 3 mm dick auswellen und Plätzchen in Form von Hund, Katze, Hahn und Esel ausstechen.

Auf die Bleche verteilen.

Die Plätzchen etwa 10 Minuten goldgelb backen. Herausnehmen und auf einem Kuchengitter abkühlen lassen.

Für den Guss Puderzucker mit Zitronensaft glatt rühren und die abgekühlten Plätzchen damit bestreichen.

In einer gut verschließbaren Dose halten sich die Stadtmusikanten-Plätzchen etwa 3 Wochen.

Bremer Butterplätzchen

Ich wünsch mir was

Ich wünsch mir was!
Was ist denn das?
Das ist ein Schloss aus Marzipan -
mit Türmen aus Rosinen dran
und Mandeln an den Ecken.
Ganz zuckersüß und braun gebrannt
und jede Wand aus Zuckerkand -
da kann man tüchtig schlecken!
Und Diener laufen hin und her
mit Saft und Marmelade
und drinnen in dem Schlosse drin
sitzt meine Frau, die Königin –
die ist aus Schokolade.

Volksgut

Christlied

Vom Himmel kam der Engel Schar,
erschien den Hirten offenbar;
sie sagten ihn'n ein Kindlein zart
das liegt dort in der Krippe hart.

Zu Bethlehem in Davids Stadt,
wie Micha das verkündet hat.
Es ist der Herre Jesus Christ,
der euer aller Heiland ist.

Er will und kann euch lassen nicht,
setzt ihr auf ihn eur Zuversicht.
Es mögen euch viel fechten an;
dem sei Trotz, der's nicht lassen kann.

Zuletzt müsst ihr doch haben recht.
Ihr seid nun worden Gotts Geschlecht
und danket Gott in Ewigkeit,
geduldig, fröhlich allezeit!

Martin Luther

ATZ

Schloß Hundisburg

BROCKEN · 1142 m ü.

Brücke u. Panorama
Yd Friedrichstadt

Gruss aus Magdeburg

WITTENBERG

1. Süßer die Glocken nie klingen
als zu der Weihnachtszeit,
's ist, als ob Engelein singen
wieder von Frieden und Freud.
|: Wie sie gesungen in seliger Nacht, :|
Glocken mit heiligem Klang,
klinget die Erde entlang!

2. O, wenn die Glocken erklingen,
schnell sie das Christkindlein hört:
Tut sich vom Himmel dann schwingen
eilig hernieder zur Erd.
|: Segnet den Vater, die Mutter, das Kind, :|
Glocken mit heiligem Klang,
klinget die Erde entlang!

3. Klinget mit lieblichem Schalle
über die Meere noch weit,
dass sich erfreuen doch alle
seliger Weihnachtszeit.
|: Alle aufjauchzen mit herrlichem Sang! :|
Glocken mit heiligem Klang,
klinget die Erde entlang!

Heiligabend in Dresden

Schau mal, jetzt fängt's an zu schneien
und die Flocken schweben sacht
wie ein zartgewebter Schleier
durch die wundersame Nacht.
Heiligabend ist's in Dresden,
dieser zauberhaften Stadt,
dem Elbflorenz im schönen Sachsen,
das uns so viel zu geben hat.

Und die Menschen laufen eilend
durch die verschneite Winternacht
hin zu ihrer Frauenkirche
in der stillen Heil'gen Nacht.

Auf einmal hört man ihre Glocken.
Sie klingen jubelnd klar und rein
und diese wunderbaren Töne,
sie läuten jetzt die Weihnacht ein.
Weihnacht im geliebten Dresden
lässt die Menschen dankbar sein,
denn das Frauenkkirchenwunder
hüllt die ganze Welt mit ein.

Annemarie Wagner

Stollenrezept

320 g Rosinen
5 cl Rum
500 g Mehl
60 g Hefe
100 ml Milch
100 g Zucker
250 g Butter
2 Eier
1 TL Salz

1 Pck. Vanillezucker
50 g Zitronat
80 g gehackte Mandeln
5 Tropfen Bittermandelöl
abgeriebene Schale einer Zitrone
60 g zerlassene Butter
120 g Puderzucker
1 Pck. Stollengewürz
(Muskat, Ingwer, Nelken, Kardamom)

Rosinen waschen, abtrocknen und mit Rum tränken, ziehen lassen (am besten über Nacht).

Mehl in eine Schüssel sieben, in der Mitte eine Mulde formen, die Hefe einbröseln und mit 3 EL lauwarmer Milch zu einem Vorteig rühren, ca. 30 Minuten gehen lassen.

Anschließend alle Zutaten mit Ausnahme der Mandeln und Rosinen zu einem glatten Teig verkneten. Dann Rosinen und Mandeln unterkneten. Den Teig abdecken und mindestens 2 Stunden gehen lassen.

Den Backofen auf 170 °C (Umluft 150 °C) vorheizen, ein Blech buttern oder mit Backpapier belegen.

Den Teig erneut durchkneten, zu einem Stollen formen und mehrmals mit einer Backnadel einstechen. Auf mittlerer Schiene ca. 70 Minuten backen.

Noch heiß mit zerlassener Butter bestreichen und großzügig mit Puderzucker stäuben.
Abkühlen lassen.
Luftdicht in Folie verpacken und ca. 3 Wochen kühl ruhen lassen.

LEIPZIG   Augustusplatz im Winter

Gruss aus Bautzen

Zittau. Markt mit Rathaus.

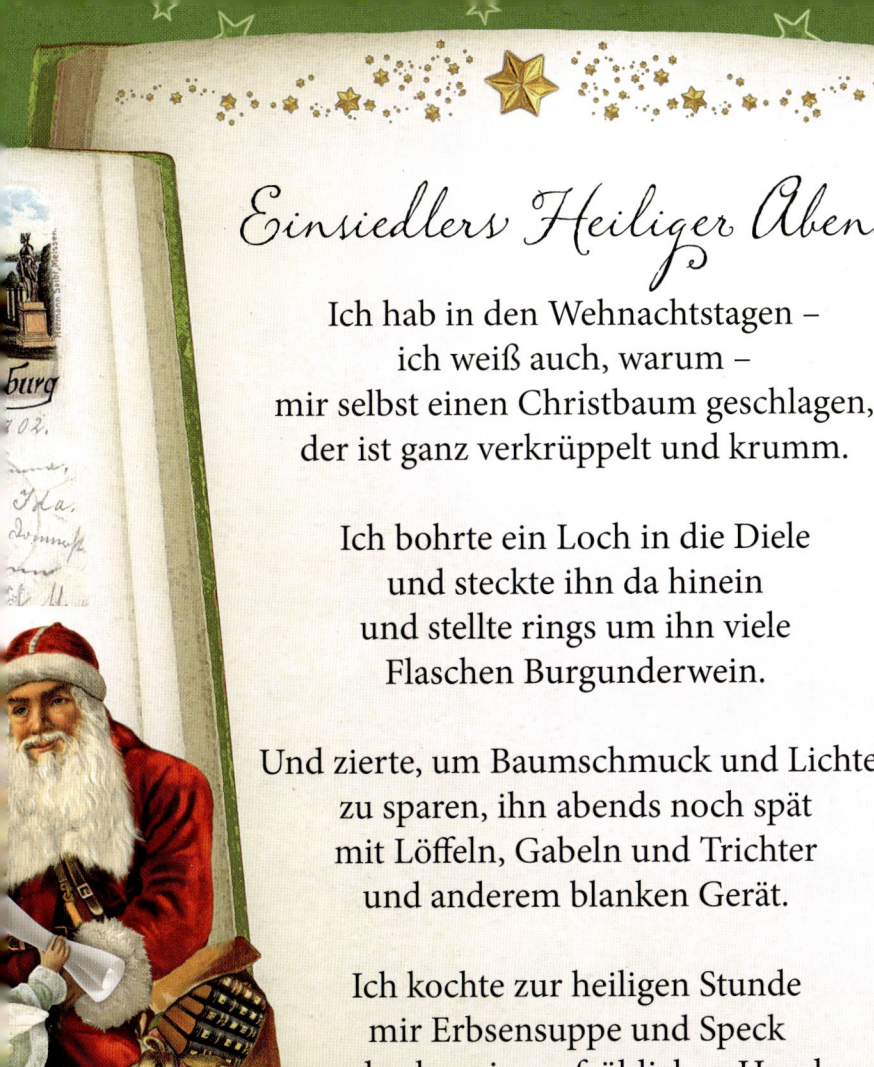

Einsiedlers Heiliger Abend

Ich hab in den Wehnachtstagen –
ich weiß auch, warum –
mir selbst einen Christbaum geschlagen,
der ist ganz verkrüppelt und krumm.

Ich bohrte ein Loch in die Diele
und steckte ihn da hinein
und stellte rings um ihn viele
Flaschen Burgunderwein.

Und zierte, um Baumschmuck und Lichter
zu sparen, ihn abends noch spät
mit Löffeln, Gabeln und Trichter
und anderem blanken Gerät.

Ich kochte zur heiligen Stunde
mir Erbsensuppe und Speck
und gab meinem fröhlichen Hunde
Gulasch und litt seinen Dreck.

Und sang aus burgundernder Kehle
das Pfannenflickerlied.
Und pries mit bewundernder Seele
alles das, was ich mied.

Es glimmte petroleumbetrunken
später der Lampendocht.
Ich saß in Gedanken versunken,
da hat's an der Tür gepocht.

Und pochte wieder und wieder.
Es konnte das Christkind sein.
Und klang's nicht wie Weihnachtslieder?
Ich aber rief nicht: „Herein!"

Ich zog mich aus und ging leise
zu Bett, ohne Angst, ohne Spott,
und dankte auf krumme Weise
lallend dem lieben Gott.

Joachim Ringelnatz

Der Weihnachtsaufzug

Bald kommt die liebe Weihnachtszeit,
worauf die ganze Welt sich freut,
das Land, so weit man sehen kann,
sein Winterkleid hat angetan.
Schlaf überall, es hat die Nacht,
die laute Welt zur Ruh gebracht,
kein Sternenlicht, kein grünes Reis,
der Himmel schwarz, die Erde weiß.

Da blinkt von fern ein heller Schein.
Was mag das für ein Schimmer sein?
Weit übers Feld zieht es daher,
als ob's ein Kranz von Lichtern wär,
und näher rückt es hin zur Stadt,
obgleich verschneit ist jeder Pfad.
Ei seht, ei seht! Es kommt heran!
O, schauet doch den Aufzug an!

O Weihnachtszeit, du schöne Zeit,
so überreich an Lust und Freud!
Hör doch der Kinder Wünsche an
und komme bald, recht bald heran,
und schick uns doch, wir bitten sehr,
mit vollem Sack den Ruprecht her.
Wir fürchten seine Rute nicht
wir taten allzeit unsre Pflicht.
Drum schick uns auch den Engel gleich,
mit seinem Baum, an Gaben reich.
O Weihnachtszeit, du schöne Zeit,
worauf die ganze Welt sich freut.

Robert Reinick

WILLKOMMEN
in
SACHSEN
Die Bastei

Es grüßen die Dichter aus Weimar

JOH. WOLFGANG v. GOETHE
geb. 28. Aug. 1749, gest. 22. März 1832

JOH. CHRISTOPH, FRIEDRICH v. SCHILLER
geb. 10. Novbr. 1759, gest. 9. Mai 1805

46

Am Weihnachtsmorgen 1772

Frankfurt, den 25. Dezember 1772

Christtag früh. Es ist noch Nacht, lieber Kestner, ich bin aufgestanden, um bei Lichte morgens wieder zu schreiben, das mir angenehme Erinnerungen voriger Zeiten zurückruft; ich habe mir Coffee machen lassen, den Festtag zu ehren, und will euch schreiben, bis es Tag ist. Der Türmer hat sein Lied schon geblasen, ich wachte darüber auf. Gelobet seist du, Jesus Christ! Ich hab diese Zeit des Jahrs gar lieb, die Lieder, die man singt, und die Kälte, die eingefallen ist, macht mich vollends vergnügt. Ich habe gestern einen herrlichen Tag gehabt, ich fürchtete für den heutigen, aber der ist auch gut begonnen, und da ist mir's fürs Enden nicht angst.

Johann Wolfgang von Goethe an Johann Christian Kestner

ABC, die Katze lief im Schnee

A B C, die Katze lief im Schnee,
und als sie dann nach Hause kam,
da hatt' sie weiße Stiefel an.
O jemine, o jeminie
die Katze lief im Schnee.

A B C, die Katze lief zur Höh!
Sie leckt ihr kaltes Pfötchen rein
und putzt sich auch die Stiefelein
und ging nicht mehr und ging nicht mehr,
ging nicht mehr in den Schnee.

Aus Thüringen

Rudelsburg u Saaleck

Schwarzburg

Gruss aus dem Thüringer Land.

Erfurt

Wartburg

Kyffhäuser-

Ich habe die Liebe

Ich achte die Liebe als das Höchste und Einzige im Menschen, die einzige, wahre Himmelsgabe. Wer sie hat, ist herrlicher denn alle, und er ist mächtiger denn alle; was er will, das wird ihm gelingen! Wer kann nun sagen: Ich habe die Liebe?

Bettina von Arnim

RÖMER

Frankfurter Palmengarten

Brüder Grimm
aus Hanau

Die Sterntaler

Es war einmal ein kleines Mädchen, dem war Vater und Mutter gestorben, und es war so arm, daß es kein Kämmerchen mehr hatte darin zu wohnen und kein Bettchen mehr darin zu schlafen und endlich gar nichts mehr als die Kleider auf dem Leib und ein Stückchen Brot in der Hand, das ihm ein mitleidiges Herz geschenkt hatte. Es war aber gut und fromm. Und weil es so von aller Welt verlassen war, ging es im Vertrauen auf den lieben Gott hinaus ins Feld. Da begegnete ihm ein armer Mann, der sprach: „Ach, gib mir etwas zu essen, ich bin so hungrig." Es reichte ihm das ganze Stückchen Brot und sagte „Gott segne dirs", und ging weiter. Da kam ein Kind, das jammerte und sprach: „Es friert mich so an meinem Kopfe, schenk mir etwas, womit ich ihn bedecken kann." Da tat es seine Mütze ab und gab sie ihm. Und als es noch eine Weile gegangen war, kam wieder ein Kind und hatte kein Leibchen an und fror. Da gab es ihm seins und noch weiter, da bat eins um ein Röcklein, das gab es auch von sich hin. Endlich gelangte es in einen Wald, und es war schon dunkel geworden, da kam noch eins und bat um ein Hemdlein, und das fromme Mädchen dachte „Es ist dunkle Nacht, da sieht dich niemand, du kannst wohl dein Hemd weggeben", und zog das Hemd ab und gab es auch noch hin. Und wie es so stand und gar nichts mehr hatte, fielen auf einmal die Sterne vom Himmel, und waren lauter harte blanke Taler. Und ob es gleich sein Hemdlein weggegeben, so hatte es ein neues an, das war vom allerfeinsten Linnen. Da sammelte es sich die Taler hinein und war reich für sein Lebtag.

Vom Christkind

Denkt euch, ich habe das Christkind gesehn!
Es kam aus dem Walde, das Mützchen voll Schnee,

mit rotgefrorenem Näschen.
Die kleinen Hände taten ihm weh,

denn es trug einen Sack, der war gar schwer,
schleppte und polterte hinter ihm her.

Was drin war, möchtet ihr wissen?
Ihr Naseweise, ihr Schelmenpack –

denkt ihr, er wäre offen, der Sack?
Zugebunden bis obenhin!

Doch war gewiss etwas Schönes drin!
Es roch so nach Äpfeln und Nüssen!

Anna Ritter

Gruss aus Kassel-Wilhelmshöhe

54

Fulda Dom

Darmstadt

Marburg

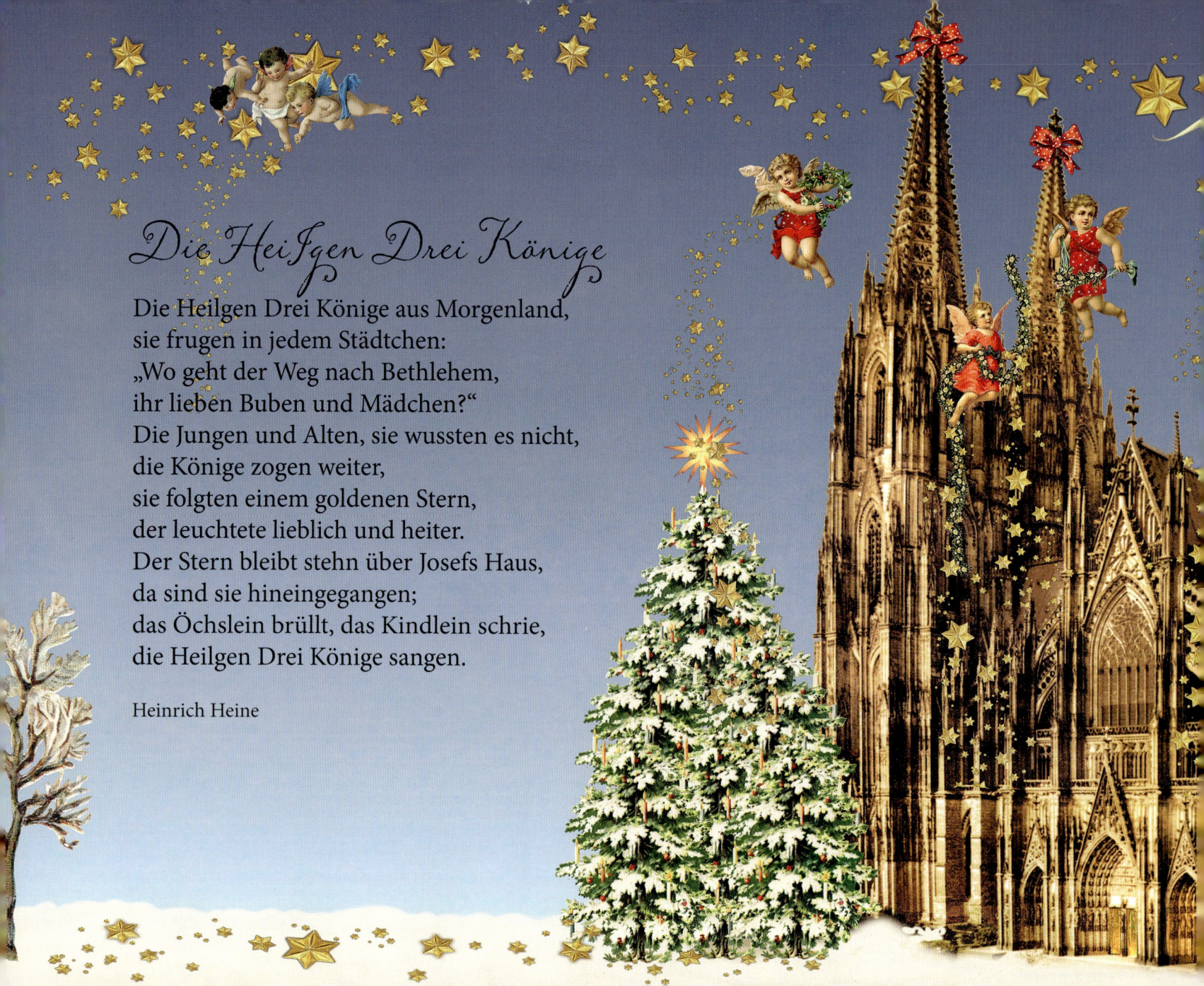

Die Heilgen Drei Könige

Die Heilgen Drei Könige aus Morgenland,
sie frugen in jedem Städtchen:
„Wo geht der Weg nach Bethlehem,
ihr lieben Buben und Mädchen?"
Die Jungen und Alten, sie wussten es nicht,
die Könige zogen weiter,
sie folgten einem goldenen Stern,
der leuchtete lieblich und heiter.
Der Stern bleibt stehn über Josefs Haus,
da sind sie hineingegangen;
das Öchslein brüllt, das Kindlein schrie,
die Heilgen Drei Könige sangen.

Heinrich Heine

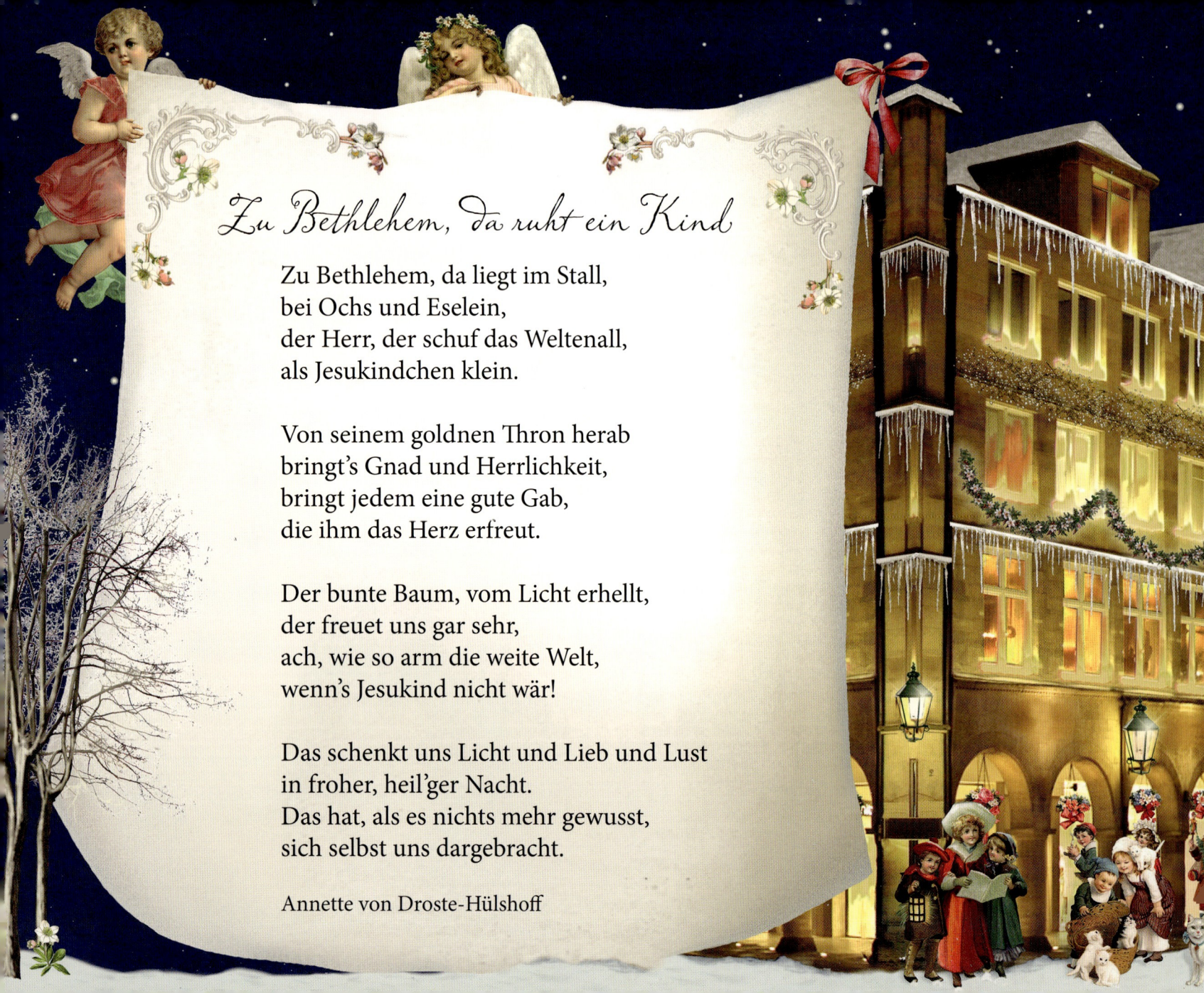

Zu Bethlehem, da ruht ein Kind

Zu Bethlehem, da liegt im Stall,
bei Ochs und Eselein,
der Herr, der schuf das Weltenall,
als Jesukindchen klein.

Von seinem goldnen Thron herab
bringt's Gnad und Herrlichkeit,
bringt jedem eine gute Gab,
die ihm das Herz erfreut.

Der bunte Baum, vom Licht erhellt,
der freuet uns gar sehr,
ach, wie so arm die weite Welt,
wenn's Jesukind nicht wär!

Das schenkt uns Licht und Lieb und Lust
in froher, heil'ger Nacht.
Das hat, als es nichts mehr gewusst,
sich selbst uns dargebracht.

Annette von Droste-Hülshoff

MÜNSTER

Knecht Ruprecht

Draußen weht es bitterkalt,
wer kommt da durch den Winterwald?
Stipp – stapp, stipp – stapp und huckepack –
Knecht Ruprecht ist's mit seinem Sack.
Was ist denn in dem Sacke drin?
Äpfel, Mandeln und Rosin'
und schöne Zuckerrosen,
auch Pfeffernüss' fürs gute Kind;
die andern, die nicht artig sind,
die klopft er auf die Hosen.

Martin Boelitz

FROHE WEIH-NACHT

DÜSSELDORF

Zollverein

I ♥ Ruhrpott

23.08.70
Freiburg (Breisgau)
(Hbf S)

Feuerzangen-Bowle

Glühwein Grog

Glüh... ohne Alkohol
...Erdbeeren

Duisburg

BONN

Herzlichen Weihnachtsgruß

Der gute Hausgeist

Mit Eisblumen hab ich die Fenster geschmückt,
den Hof und den Stall und den Brunnen beschickt,
Eiszapfen am Dache ringsum aufgehangen,
den bellenden Hund und die Katz eingefangen;
hab mit meinen Schleiern die Treppen gefegt
und rings alle Reiser zu Bündeln gelegt;
die Milch angehaucht, dass sie morgen leicht rahmt;
die Blätter gehäufelt, auf dem Weg, den ihr kamt;
die Hefe gehoben, das Bier eingesegnet,
die Luke geschlossen, wo's jüngst eingeregnet,
das Stroh wie von selbst um den Keller gehäuft
und das kleinste der Hälmchen aus dem Wege geschleift.
Dann spann ich zu Ende den Flachs dort am Rocken
und wärmte das Öl, dass die Pendel nicht stocken
und zeitig erwecken zur heiligen Mette
die schläfrigen Menschen im weichlichen Bette.

Adele Schopenhauer

Christnacht

Heilge Nacht, mit tausend Kerzen
steigst du feierlich herauf:
O, so geh in unsern Herzen,
Stern des Lebens, geh uns auf!
Schau, im Himmel und auf Erden
glänzt der Liebe Rosenschein:
Friede soll's noch einmal werden
und die Liebe König sein!

Robert Ernst Prutz

Führung

Frisch gebohnert!

KAUB

Der Rhein von BINGEN bis KOBLENZ
Panorama aus der Vogelschau
mit Ansichten von anliegenden Ortschaften u. Burgen

Loreley

Der Rhein von BINGEN bis KOBLENZ
Panorama aus der Vogelschau
mit Ansichten von anliegenden Ortschaften u. Burgen

Deutsches Eck Koblenz

Mannheim

von Wiesbaden nach Mainz

DOM ZU SPEYER

66

Brich an, du schönes Morgenlicht

Brich an, du schönes Morgenlicht!
Das ist der alte Morgen nicht,
der täglich wiederkehret.
Es ist ein Leuchten in der Fern',
es ist ein Schimmer, ist ein Stern,
von dem ich längst gehöret.
Der Himmel ist jetzt nimmer weit;
es nahet die sel'ge Gotteszeit
der Freiheit und Liebe.
Wohlauf, du frohe Christenheit,
dass jeder sich nach langem Streit
in Friedenswerken übe!
Wer ist noch, welcher sorgt und sinnt?
Hier in der Krippe liegt ein Kind
mit lächelnder Gebärde.
Wir grüßen dich, du Sternenheld:
Willkommen, Heiland aller Welt,
willkommen auf der Erde!

Max von Schenkendorf

Kinderlied zum 6. Dezember

Niklas ist ein braver Mann,
herzensgut und mild von Sitten;
Niklas hat ein Renngespann
und dahinter einen Schlitten.
Hoch im Norden steht sein Haus;
reiche Gaben teilt er aus,
wenn die Kinder hübsch ihn bitten.

Spielwerk hat er mancher Art,
Sterne, Bänder, goldne Krippchen!
Streicht ihm freundlich drum den Bart,
seid drum artig, liebe Bübchen!
Wer ihn recht zu hätscheln weiß,
eia, kriegt den besten Preis –
eins von seinen Zuckerpüppchen!

Und so ist er bald denn da,
wie auch Elb' und Oder flute!
Kinderchen, seid artig ja,
denn – auch strafen kann der Gute!
Ja, seid brav, sonst gibt er euch –
eia, wer erschrickt denn gleich? –
mein' ich doch ja nur: die – Rute!

Weihnacht ist ein schönes Fest,
schön für Hohe, schön für Niedre!
Keiner, den es traurig lässt,
wie auch sonst die Welt ihn widre!
Doch den allermeisten Spaß
macht uns jetzt Sankt Nikolas –
Nikolaus, ja, der Biedre!

Hermann Ferdinand Freiligrath

Gasthof Zum Riesling

Christkind

Das einst ein Kind auf Erden war,
Christkindlein kommt noch jedes Jahr.
Kommet vom hohen Sternenzelt,
freut und beglücket alle Welt!
Mit Kindern feiert's froh den Tag,
wo Christkind in der Krippe lag.
Den Christbaum zündet's überall,
weckt Orgelklang und Glockenschall.
Christkindlein kommt zu Arm und Reich,
die Guten sind ihm alle gleich.
Danket ihm denn und grüßt es fein,
auch euch beglückte Christkindlein!

Peter Cornelius

EINGANG →

Die drei Spatzen

In einem leeren Haselstrauch,
da sitzen drei Spatzen, Bauch an Bauch.
Der Erich rechts und links der Franz
und mittendrin der freche Hans.
Sie haben die Augen zu, ganz zu,
und obendrüber, da schneit es, hu!
Sie rücken zusammen dicht, ganz dicht.
So warm wie der Hans hat's niemand nicht.
Sie hör'n alle drei ihrer Herzlein Gepoch.
Und wenn sie nicht weg sind, so sitzen sie noch.

Christian Morgenstern

Der 1. Weihnachtsbaum

wurde 1419
in Freiburg im Breisgau
aufgestellt.

Vor Weihnachten

Die Kindlein sitzen im Zimmer,
Weihnachten ist nicht mehr weit,
bei traulichem Lampenschimmer
und jubeln: „Es schneit, es schneit!"

Das leichte Flockengewimmel,
es schwebt durch die dämmernde Nacht
herunter vom hohen Himmel
vorüber am Fenster so sacht.

Und wo ein Flöckchen im Tanze
den Scheiben vorüberschweift,
da flimmert's in silbernem Glanze,
vom Lichte der Lampe bestreift.

Die Kindlein sehn's mit Frohlocken,
sie drängen ans Fenster sich dicht,
sie verfolgen die silbernen Flocken,
die Mutter lächelt und spricht:

„Wisst, Kinder, die Engelein schneidern
im Himmel jetzt früh und spät;
an Puppenbettchen und Kleidern
wird auf Weihnachten genäht.

Da fällt von Säckchen und Röckchen
manch silberner Flitter beiseit,
von Bettchen manch Federflöckchen;
auf Erden sagt man: Es schneit.

Und seid ihr lieb und vernünftig,
ist manches für euch auch bestellt;
wer weiß, was Schönes euch künftig
vom Tische der Engelein fällt!"

Die Mutter spricht's; – vor Entzücken
den Kleinen das Herz da lacht;
sie träumen mit seligen Blicken
hinaus in die zaubrische Nacht.

Karl von Gerok

Schlaf wohl, du Himmelsknabe du

Schlaf wohl, du Himmelsknabe du,
Schlaf wohl, du süßes Kind;
dich fächeln Engelein in Ruh,
mit sanftem Himmelswind.
Wir arme Hirten singen dir
ein herzlich Wiegenliedlein für,
schlafe, Himmelskindlein,
schlafe.

Christian Friedrich Daniel Schubart

Hier unten im Turme

Hier unten im Turme, hier wehet kein Wind,
hier betet die Mutter und wieget ihr Kind
und hat von der Wiege zur Krippe ein Band
von Glauben und Hoffnung und Liebe gespannt.
Weit über die Meere die Sehnsucht sie spinnt,
dort sitzet Maria und wieget ihr Kind,
die Engel, die Hirten, drei König und Stern
und Öchslein und Eselein erkennen den Herrn.
Wohl über dem Monde und Wolken und Wind
mit Zepter und Krone steht Jungfrau und Kind.
Hier unten ward's Kindlein am Kreuz angespannt,
dort oben wiegt's Himmel und Erd auf der Hand.
Komm mit, lass uns fliegen zu Maria geschwind,
komm mit! und lern biegen dein Knie vor dem Kind,
komm mit! schnür dein Bündlein, schon führet die Hand
Maria dem Kindlein, es segnet das Land.

Clemens Brentano

Burg Hohenzollern

SCHLÖSSER~
MAL~
WETTBEWERB

KARLSRUHE
HOHENZOLLERN
SIGMARINGEN

Zum Neujahr

An tausend Wünsche, federleicht,
wird sich kein Gott noch Engel kehren,
ja, wenn es so viel Flüche wären,
dem Teufel wären sie zu seicht.
Doch wenn ein Freund in Lieb und Treu
dem andern den Kalender segnet,
so steht ein guter Geist dabei.
Du denkst an mich, was Liebes dir begegnet,
ob dir's auch ohne das beschieden sei.

Eduard Mörike

Sigmaringen

Der Bratapfel

Kinder, kommt und ratet,
was im Ofen bratet.
Hört, wie's knallt und zischt,
bald wird er aufgetischt,
der Zipfl, der Zapfl,
der Kipfl, der Kapfl,
der gelbrote Apfel.

Kinder, lauft schneller,
holt einen Teller,
holt eine Gabel,
sperrt auf den Schnabel,
für den Zipfl, den Zapfl,
den Kipfl, den Kapfl,
den goldbraunen Apfel.

Volksgut

Bayrische
Burgen
und
Schlösser I

NEUSCHWANSTEIN

HERREN-CHIEMSEE

HOHENSCHWANGAU

RESIDENZ IN MÜNCHEN

LINDERHOF

Bayerische Burgen und Schlösser Band II

Winternacht

Es war einmal eine Glocke,
die machte baum, baum.
Und es war einmal eine Flocke,
die fiel dazu wie im Traum.

Die fiel dazu wie im Traum …
Die sank so leis hernieder
wie ein Stück Engleingefieder
aus dem silbernen Sternenraum.

So leis als wie ein Traum.
Und als vieltausend gefallen leis,
da war die ganze Erde weiß,
als wie von Engleinflaum.

Christian Morgenstern

NÜRNBERG
Schöner Brunnen

Nürnberger Elisenlebkuchen

70 g	Butter
2	Eier
150 g	Zucker
1 TL	Zimt
1 EL	Kakaopulver
½ Pck.	Lebkuchengewürz
100 g	Zitronat
100 g	Orangeat
100 g	Rosinen
100 g	gemahlene Nüsse
100 g	gemahlene Mandeln
250 g	Mehl
1 Pck.	Backpulver
125 ml	Milch

3 Tropfen Backöl Zitrone
Oblaten
dunkle Schokoladenglasur

Butter, Zucker und Eier schaumig rühren. Zimt, Kakao, Gewürz dazugeben. Zitronat, Orangeat und die Rosinen fein hacken und ebenfalls unterrühren. Die gemahlenen Nüsse und Mandeln, Mehl, Backpulver und Milch untermengen.

Die Masse ca. 1 cm dick auf runde Oblaten streichen. Die Lebkuchen auf ein vorbereitetes Backblech geben und langsam bei 160 °C 20-25 Minuten backen. Die erkalteten Lebkuchen mit Schokoglasur überziehen.

Passau

Gruß aus Bamberg

ENGELSPOST!

Würzburg Dom

Der erste Schnee

Heute Nacht stand ich am Fenster,
schaute ganz verdutzt hinaus.
Unser Bayern sah ganz einfach
wie im schönsten Märchen aus.

Dicker Schnee liegt auf den Straßen
unser Ort ist tief verschneit,
stille Ruhe senkt sich nieder
auf die Erde weit und breit.

Und die Flocken fallen weiter
strahlend weiß aus Himmelshöhn.
Und ich sag aus vollem Herzen:
Bayernland, wie bist du schön!

Annemarie Wagner

Musik zur Weihnachtszeit

Melodien zur Weihnachtszeit –
Kinderchöre fröhlich singen.
Lieblich schallt es weit und breit
dazu Glocken hell erklingen.

Melodien zur Weihnachtszeit
künden froh von Gottes Sohn,
der in unsrer kalten Zeit
kam herab von seinem Thron.

Melodien zur Weihnachtszeit –
wer sie hört, bleibt staunend stehn.
Kinderträume werden wach,
wenn sie durch die Seele wehn.

Annemarie Wagner

Der singende Weihnachtsbaum
Zürich

Christbaum

Hörst auch du die leisen Stimmen
aus den bunten Kerzlein dringen?
Die vergessenen Gebete
aus den Tannenzweiglein singen?
Hörst auch du das schüchternfrohe,
helle Kinderlachen klingen?
Schaust auch du den stillen Engel
mit den reinen, weißen Schwingen?
Schaust auch du dich selber wieder
fern und fremd nur wie im Traume?
Grüßt auch dich mit Märchenaugen
deine Kindheit aus dem Baume?

Ada Christen

Wünsche zum neuen Jahr

Ein bisschen mehr Friede und weniger Streit,
ein bisschen mehr Güte und weniger Neid,
ein bisschen mehr Liebe und weniger Hass,
ein bisschen mehr Wahrheit – das wäre was.

Statt so viel Unrast ein bisschen mehr Ruh,
statt immer nur Ich ein bisschen mehr Du,
statt Angst und Hemmung ein bisschen mehr Mut
und Kraft zum Handeln – das wäre gut.

Peter Rosegger

WOLFGANG AMADEUS MOZART

geb. 27. Januar 1756 zu Salzburg.
† 5. December 1791 zu Wien.

"DON JUAN"

"FIGARO"   "ZAUBERFLÖTE"

Salzburg

ISBN 978-3-649-61443-2
© 2013 Coppenrath Verlag GmbH & Co. KG,
Hafenweg 30, 48155 Münster, Germany
Illustrationen: Barbara Behr
Fotos: Shutterstock.com
Textsammlung: Gisela Mattheis
Alle Rechte vorbehalten, auch auszugsweise
Printed in China

www.coppenrath.de